Richard Schaffer-Hartmann

# Spaziergang durch das alte Hanau

mit Fotografien von Franz Stoedtner

Wartberg Verlag

**Über Hanau sind im Wartberg Verlag erhältlich:**

(1) Die Nacht, als Hanau unterging – 19. März 1945
(2) Spaziergang durch das alte Hanau


**Bildnachweis:**
Sämtliche Fotografien von Dr. Franz Stoedtner, Berlin, 1908/10
Albuminpapiere auf grauen Karton geklebt, runder Prägestempel „Fotografie Dr. Franz Stoedtner Berlin 7"
rechts bzw. links unten im Bild.
Fotosammlung Historisches Museum Hanau, Schloss Philippsruhe & Hanauer Geschichtsverein 1844 e.V.

Seite 3
Hanauer Ratspokal
Fotografie von Dr. Franz Stoedtner, Berlin
Landesamt für Denkmalpflege in Hessen, Wiesbaden

Seite 4
Landgraf Friedrich II. von Hessen von Joh. Heinr. Tischbein d. Ä., im Schloss Philippsruhe am Main. Bild Nr. 156 107 aus meiner „Gemäldesammlung", die z. Zt. 23 000 Bilder umfasst. In: 45 Jahre deutsche Lichtbildarbeit. Zum 70. Geburtstag Dr. Franz Stoedtners. Dr. Franz Stoedtner Berlin Verlag, 1940


1. Auflage 2006
Alle Rechte vorbehalten, auch die des auszugsweisen Nachdrucks
und der fotomechanischen Wiedergabe.
Satz und Layout: Grafik & Design Ulrich Weiß, Gudensberg
Druck: Thiele & Schwarz, Kassel
Buchbinderische Verarbeitung: Buchbinderei Büge, Celle
© Wartberg Verlag GmbH & Co. KG
34281 Gudensberg-Gleichen, Im Wiesental 1
Telefon (0 56 03) 9 30 50
www.wartberg-verlag.de
ISBN 10: 3-8313-1498-5
ISBN 13: 978-3-8313-1498-0

# Vorwort

Historische Fotografien üben immer wieder einen unwiderstehlichen Reiz auf die Betrachter aus. Es sind in den 60 Jahren der Nachkriegszeit bereits einige Publikationen erschienen, die mehr oder weniger zahlreich Bilder des „Alten Hanau" aus der Zeit vor der Zerstörung unserer Stadt am 19. März 1945 zeigen. Nahezu alle diese Bücher sind mittlerweile vergriffen. Daher war es an der Zeit, einen neuen Bildband über Alt-Hanau herauszugeben. Die abgebildeten Fotografien umfassen den Bezirk der einstigen mittelalterlichen Altstadt sowie der Neustadt, also den Stadtkern des heutigen Hanau. Die Stadtviertel um das Zentrum, wie Kesselstadt, Wilhelmsbad, Lamboy sowie die 1972–74 eingemeindeten Stadtteile sind nicht berücksichtigt.

In 75 Fotografien wird eine Stadtbildaufnahme mit dem geschulten Blick des kunst- und architekturkritischen Fotografen Franz Stoedtner gegeben. Da im Zentrum der Bilder die architektonisch wertvollen Gebäude unserer Stadt stehen, sind verhältnismäßig wenige Personen zu sehen. Ausgehend von der Keimzelle Hanaus, dem Stadtschloss, erschließt sich den Betrachtern die ummauerte Altstadt durch die bedeutenden Bauwerke der beiden Rathäuser, Kirchen und Bürgerhäuser. Über die Gebäude der Vorstadt führt der Weg zum großen Platz zwischen beiden Städten, dem heutigen Freiheitsplatz. Die neuen Bauten des 18. Jhs. prägten diese unvollendet gebliebene Platzgestalt. Die dominanten Häuser der Neustadt, ab 1597 errichtet, wie die einzigartige Doppelkirche der Wallonen und Niederländer sowie die stolzen Häuser, geben Zeugnis vom bürgerlichen Selbstbewusstsein und Wohlstand der Glaubensflüchtlinge, erworben durch manufakturelle Produktion und Handel. Diese Neustadtbürger protestantisch-calvinistischen Glaubens legten die Grundsteine für die allmählich gewachsene Bedeutung der Stadt. Mit dem Fall der Befestigungsanlagen Anfang des 19. Jahrhunderts öffneten sich schließlich die ummauerten Grenzen der Städte. Raum für Erweiterungen wurde gegeben. An den Ringstraßen, entlang der Ausfallstraßen, entwickelten sich durch die beginnende Industrialisierung neue Stadtbezirke. Mit der Garnison im Lamboy erwuchs ein weiterer Lebenszweig wirtschaftlicher Prosperität, der sich bis zur Zeit des Nationalsozialismus entwickelte.

Der von der menschenverachtenden nationalsozialistischen Diktatur begonnene Zweite Weltkrieg ließ letztlich die durch hunderte von Jahren gewachsene Stadt Hanau in Schutt und Asche sinken. Der Wiederaufbau vollzog sich in bewusster Abkehr von der Vergangenheit in zeitgemäß modernen Formen der 1950er Jahre. Da nur wenig historische Bausubstanz erhalten wurde, ist es um so wichtiger, gegenwärtigen und künftigen Generationen von Neuhanauern, ein Bild der einstigen, unwiederbringlich vergangenen, schönen Brüder-Grimm-Stadt zu vermitteln. Der vorliegende Bildband soll hierzu ein Beitrag sein.

*Claus Kaminsky*
*Oberbürgermeister*
*der Stadt Hanau*

Hanauer Ratspokal

# Das alte Hanau in Fotografien des Dr. Franz Stoedtner, Berlin

Das Bild zählt nach wie vor zum wichtigsten Medium der Information in unserer reizüberfluteten Zeit. Mit der massenhaften Verbreitung der digitalen Bilderstellung mittels „Digicams" und mobiler Telefone ist das fotografische Bild nun tatsächlich demokratisiert worden, d. h. nahezu für jeden Menschen unserer Gesellschaft zugänglich geworden. Keine Information – vom Radio abgesehen – wird noch ohne Bild verbreitet. Der Bilderflut ist eine gegensätzliche Entwicklung immanent. Das papierene Bild, also der Abzug vom Negativ, verliert an Bedeutung. Mit dem Computer werden die Fotografien heute bearbeitet, gespeichert und abgerufen. Das Fotoalbum, die bildliche Erinnerungskassette, wurde zum Relikt des 20. – des vorigen – Jahrhunderts. Gleichzeitig steigt das Interesse, die Nachfrage und der Wert qualitativ hochwertiger Analogfotografien. So ist es mehr als gerechtfertigt, diese dem interessierten Publikum zugänglich zu machen. Dies ist mit dem vorliegenden Bildband geschehen. Da gegenwärtig auch die Bildpost- oder Ansichtskarte einen rasenden Bedeutungsverlust erleidet – das mit dem Handy gemachte Bild ist spontaner, individueller und schneller zu übermitteln – ist die Landschafts- bzw. Stadtfotografie wieder neu zu erfahren.

Die Bildgattung der Stadtansicht geht ursprünglich auf eine Form der Landschaftsmalerei zurück. Die Stadtansichten des Kupferstechers Matthäus Merian – aus ideal erhöhten Vogelperspektiven – dürften allgemein und hinlänglich bekannt sein, denn ihre Nachdrucke zierten manches Büro, Praxis, Apotheke oder „altdeutsches" Wohnzimmer.

Mit der Industrialisierung der deutschen Länder, in der ersten Hälfte des 19. Jhs., durch Fabriken, Dampfschiffe und Dampfeisenbahnen, erfuhr der „Bürger auf Reisen" die Ferne. Der Kauf bildlicher Ansichten der erfahrenen Orte, als Akt der individuellen Inbesitznahme, eröffnete Verlagen neue Einnahmequellen, neben den bereits bestehenden schriftlichen Reisebeschreibungen.

Neben die Lithographie (1798), den Stahlstich (1818) und den Lichtdruck (1868) trat die Fotografie. Die Technik war zunächst recht aufwendig und die Daguerreotypie existierte nur als Unikat. Die Belichtungszeit war für heutige Begriffe „ewig"! Auch in Hanau versuchte man sich in der neuen Technik. Der Mechanikus

*Landgraf Friedrich II. von Hessen von Joh. Heinr. Tischbein d. Ä., im Schloss Philippsruhe am Main. Bild Nr. 156 107 aus meiner „Gemälde-Sammlung", die z. Zt. 23 000 Bilder umfasst. Titelblatt Katalog Stoedtner, 1908*

und Optikus Gregor Bodenschatz (1808–46) interessierte sich, auf Anregung des Direktors der Wetterauischen Gesellschaft, Dr. Wetzlar, für die „Photographie". 1839 inserierte er bereits in Hanauer und Frankfurter Zeitungen. Am 8. September 1839 machte er eine erste fotografische Stadtbildaufnahme Hanaus. Aus seinem Wohnungsfenster fotografierte er die gegenüberliegende Häuserzeile. Gegen Eintritt waren Fotografie und Wirklichkeit zu besichtigen. Er verließ Hanau über Frankfurt und Kassel, um sein Glück in der Welt zu finden. Das hiesige Adressbuch von 1853 verzeichnete dann eine „Daguerreotypie- und Photografiranstalt" von Fr. Schnell in der Fischergasse der Neustadt. Erst 1864 tauchen wieder Stadtfotografien auf. Eine Handvoll großformatiger Stadtansichten, Albuminpapiere auf Karton, von einem nicht näher bekannten F. Geibel finden sich im Besitz des Malers und Akademiedirektors Friedrich Karl Hausmann. Im gleichen Jahr verzeichnet der Chronist Wilhelm Ziegler, dass der ehemalige Theaterdirektor Adolph Hommel (1824 Danzig–1895 Hanau), ein „Photographisches Atelier" in der Altgasse 5 eröffnete.

1867 werden schon sechs Photographen in Hanau genannt. Darunter der Bildhauer, Akademielehrer und Photograph Carl Leuchtweiß aus München.

Ab 1881 firmiert Adolph Hommel als Hoffotograf. Er bildet den Kanon bekannter Motive – Sehenswürdigkeiten – wie die Plätze, Tore, Schlösser, Kirchen u. a. der Stadt ab. Als Mappen im Visit- und Cabinettformat waren sie als Souvenirs käuflich. 1871 folgte Severin Schröder (1832 Bonn, ab 1896 Hanau) mit einer „Photographischen Anstalt" zunächst in der Mühlstraße und ab 1888 auch als Hanauer Hofphotograph genannt.

Mit der Verbreitung der Bildpostkarten, die auch die markanten Hanauer Bauwerke zeigten, boten Verlage wie Ernst Roepke Wiesbaden, Kunstverlag Lautz Darmstadt sowie Hugo Thiele, sächsischer Hoffotograf ihre Bildkartenserien an. Mit dem Ausbau Hanaus als Garnison, entstand der überaus große Markt der Militärpersonen für Bildpostkarten, Porträtphotographien und Reservistenbilder.

Eine ganz andere Bildgattung sind die im vorliegenden Buch abgebildeten Fotografien des Franz Stoedtner.

Am 17. März 1870 in Berlin geboren, studierte er Kunstgeschichte beim Berliner Kunst- und Literaturhistoriker Herman Grimm, dem Sohn Wilhelm Grimms. 1895 promovierte er bei diesem. Mit der Praktik Herman Grimms, Vorträge mit Lichtbildern zu veranschaulichen, begann Stoedtners künftiges Wirkungsfeld. Er gründete 1895 das „Institut für wissenschaftliche Projektion" in Berlin und begann damit sein Volksbildungswerk. Da kaum fotografisches Material vorhanden war, brach er selbst zu ausgedehnten Reisen auf. Zunächst in deutschen Städten und Ländern, um eine planmäßige fotografische Erfassung von Denkmälern deutscher Kunst zu erstellen. 1908 veröffentlichte er den ersten Katalog „Deutsche Kunst", ein Verzeichnis von 14 000 Nummern der Fotografien, in dem das Hanauer Neustädter Rathaus als Nr. 37 345 aufgeführt ist. Es folgten ab 1911 Bildexpeditionen nach Asien, Afrika und Amerika. Zu den Fotografien und Bildserien zu Kunst und Architektur kamen volks- und völkerkundliche sowie die der Geschichte und Naturwissenschaften. Aber auch im Dienste des Nationalsozialismus entstanden entsprechende Bildserien.

Stoedtner ließ sein Auto eigens für seine fotodokumentarischen Reisen umrüsten, damit Kameras, Stative u. a. Utensilien zweckmäßig Platz fanden. 1908 führte ihn ein erster Weg in die preußische Provinz Hessen-Kassel. Bis 1910/11 erfasste er dokumentarisch die Kunst- und Architekturdenkmäler von Stadt und Kreis Hanau. Etwa 150 Fotografien entstanden. Es sind Albuminpapiere auf Karton geklebt, die sich im Sammlungsbestand des Historischen Museums Hanau, Schloss Philippsruhe, Eigentum des Hanauer Geschichtsvereins 1844 e. V. befinden. Ein handschriftliches Verzeichnis der Vorkriegszeit listet die Fotografien auf. Durch Krieg und den Schlossbrand von 1984 ist die Bildsammlung nicht mehr vollständig.

Der vorliegende Bildband zeigt einen Ausschnitt des fotografischen Werkes von Franz Stoedtner zu Hanau. Die große Bedeutung dieser Fotografien besteht einerseits in der Dokumentation des letztlich am 19. März 1945 zerstörten Hanau, und andererseits im kunsthistorisch geschulten Blick des technisch versierten Fotografen. Zeitgleich, um 1910, entstanden auch Fotografien des Hanauer Stadtbaurats Jean Pierre Thyriot, des königlich-preußischen Landbaumeisters August Bode und Theodor Waldmann.

Der fotografische Nachlass von Stoedtners Institut für wissenschaftliche Projektion und des „Lichtbildverlages Dr. Franz Stoedtner" in Düsseldorf, den sein Teilhaber Heinz Klemm nach dem Tode Stoedtners 1944 weiter betrieb, ging an das „Bildarchiv Foto Marburg". Mit mehr als 200 000 Negativen konnte das zweitgrößte Archiv der Kunstgeschichte Deutschlands diesen Nachlass erwerben. Gründer des Bildarchivs Foto Marburg war 1913 der Kunsthistoriker Richard Hamann, ein Schüler Franz Stoedtners.

*Richard Schaffer-Hartmann*

## Blick auf die Altstadt vom Turm des Neustädter Rathauses

Links im Bild das Gerichtsgebäude, etwas versetzt hinter den Bäumen der Giebel mit Turmaufsatz des Kreisgebäudes. In der Bildmitte vorne der Röhren- (Löwen-) Brunnen in der Philipp Ludwig-Anlage, dahinter der Paradeplatz (heute Freiheitsplatz). Im Hintergrund links davon das Stadttheater. Dahinter rechts der Turm der lutherischen Johanneskirche. Rechts im Bild, die

alte Hauptwache und das Zeughaus. Dahinter das hohe spitzgiebelige Dach der alten Hohen Landesschule (heute DGB-Haus). Links davon Turm und Dach der reformierten Marienkirche, daneben der Stufengiebel des alten Rathauses (heute Deutsches Goldschmiedehaus).

**Blick über die Altstadt nach Südosten vom Turm der alten Johanneskirche**

In der Bildmitte das Altstädter Rathaus (heute Deutsches Goldschmiedehaus). Dahinter die reformierte Marienkirche, rechts das hohe spitzgiebelige Dach der alten Hohen Landesschule. Dahinter der Neorenaissancebau der Eberhardschule. Im Bildhintergrund (Südosten) die Fabrikschlote von Heraeus Platinschmelze, Dunlop-Reifen und Nicolay-Brauerei.

## Das Portal des Stadtschlosses

Der als Fürstenbau unter Graf Johann Reinhard III. von Hanau-Lichtenberg 1713/14 errichtete winkelig angeordnete dreigeschossige Bau mit Mansarddach befand sich auf dem Gelände vor dem 1828/29 abgerissenen Schlossbau. Das Portal ist mit beidseitigem Säulenpaar und einem darüber liegenden Balkon akzentuiert. Ursprünglich war das steinsichtige Gebäude verputzt. Rechts im Bild ein Teil des Friedrichsbaus. Im Dreiecksgiebel ist das gräfliche Wappen sichtbar.
Heute steht an dieser Stelle der Neubau des Congress Parks Hanau (2001–03).

## Der Wasserturm

Zusammen mit den Fragmenten der Stadtmauer ist der „Wasserturm" (vor 1457) das älteste Bauwerk Hanaus. Ursprünglich war er ein Teil der Befestigung des von einem Wassergraben umgebenen Schlosses der Herren von Hanau-Buchen. Zur Straßen- und Hofseite hin lässt sich noch der Anbau der Befestigungsmauer mit Wehrgang erkennen.
Der gegenwärtig sichtbare Bauzustand stammt aus der Umbauzeit des Stadtschlosses unter Philipp Ludwig II. von Hanau-Münzenberg von 1605. Der Turm ist heute Teil des Stadtarchivs.
Vor dem „Wasserturm" ist der 1888 errichtete Obelisk zu Ehren des Majors Johann Winter von Güldenbronn (-born) zu sehen. Aufgrund einer von ihm ersonnenen List wurde die Stadt von der despotischen Herrschaft des schwedischen Generals Jakob von Ramsay im Dreißigjährigen Krieg, 1638, befreit.
1991 wurde der Obelisk restauriert und an den Südosteingang (Nordstraße) des Schlossgartens versetzt. Im Bildhintergrund rechts ist der Kanzleibau erkennbar, 1685–91 unter Graf Philipp Reinhard I. von Hanau-Lichtenberg errichtet.

## Treppenhaus des Regierungsgebäudes

Freitreppe aus der barocken Bauzeit. Links hinter der eisernen Tür erschließt sich ein quadratischer Raum mit Sterngewölbe, der die Bibliothek der Wetterauischen Gesellschaft für die gesamte Naturkunde ggr. 1808 beherbergt. Das kriegszerstörte Gebäude wurde 1948/49 als Stadtbibliothek wieder aufgebaut und mit einem einfachen Walmdach versehen.

## Der Marstall mit Friedrichsbau…

Er ist ein Bauwerk aus der Zeit des Grafen Philipp Reinhard von Hanau-Lichtenberg. Auf dem „Scheibengärtchen" benannten Grundstück ließ er ein Reithaus vom Architekten Julius Ludwig Rothweil 1712/13 errichten. Des Grafen Bruder, Johann Reinhard III. von Hanau-Lichtenberg, ließ den Bau erweitern und vollenden. Das Bild zeigt das rückwärtige Portal, welches mit dem platzseitigen identisch war. 1890 kaufte die Stadt Hanau das Schloss. 1928 wurde der Marstall zur Stadthalle mit einem großen Theater- und Konzertsaal sowie einem kleineren Kammermusiksaal umgebaut. Der Haupteingang erhielt die noch heute sichtbare Sandsteinfassade. In den letzten Kriegstagen wurde das Gebäude zerstört. Bereits 1947 begann der Wiederaufbau, der 1950 vollendet war. 2001–2003 wurde die Stadthalle grundlegend umgebaut und um den modernen Kongressbau erweitert. Rechts im Bild ist ein Teil des unter Landgräfin Maria von Hessen 1763 erbauten Friedrichsbaus zu sehen. 1955 begann der Abriss der Ruine des Friedrichsbau. An seiner Stelle entstand die Karl Rehbein-Schule.

## …und Portal des Marstalls, Stadtschloss

Das repräsentative Seitenportal, das eigentliche Hauptportal, des Marstalls zeigt in den beiden Pilastern Utensilien des Reitens und der Pferdehaltung. Im Dreiecksgiebel ist das von Trophäen umgebene gräfliche Hanauer Wappen unter einer Krone zu sehen.

## Das Stadtschloss, Gartenseite

Der Fürstenbau, 1713/14 unter Graf Johann Reinhard III. von Hanau-Lichtenberg, als Nordflügel mit neuem Portal errichtet. Am Bildrand links der 1763 begonnene Friedrichsbau. Nach der Zerstörung Hanaus zu Ende des II. Weltkrieges wurden die Ruinen des Stadtschlosses in den Jahren 1955–64 abgeräumt. Der Schlossgarten war unter Landgräfin Maria von Hessen (Tochter des englischen Königs Georg II.) ab 1766 als einer der ersten englischen Landschaftsgärten auf dem Kontinent angelegt worden. Der Schlossgarten wurde zur 2. Hessischen Landesgartenschau 2002 saniert.

## Die Kommandantur, Erbsengasse 1/Ecke Schlossstraße

Der stattliche Bau, als Kommandantur oder „des Gouverneurs Behausung" bezeichnet, befand sich in unmittelbarer Nähe zur Schlossfreiheit und wurde wohl in der Zeit von 1557–70 zusammen mit Hinterhaus, Stallungen, Remise, Waschhaus und Garten errichtet. 1750 vom Geheimen Rat von Edelsheim bewohnt, 1806–13, in der Zeit der französischen Besetzung Hanaus, als Dotation zusammen mit Schloss Philippsruhe an die zweite Schwester Napoleons, Pauline Borghese, gegeben. Bis 1870 Sitz des Stadtkommandanten, danach bis 1945 im Besitz des preußischen Militärfiskus (Garnisonsverwaltung).
An Stelle dieses am 19. März 1945 zerstörten eindrucksvollen Gebäudes befindet sich heute am Schlossplatz ein Schulgebäude (zeitweise Kaufmännische Schulen). Im Eckgebäude Erbsengasse/Münzgasse, dem einstigen lutherischen Waisenhaus von 1768, befinden sich zwei Spolien mit den Jahreszahlen 1590 sowie der Gedenkstein der gewerblichen Fortbildungsschule „erbaut 1908".

## Die neue Münze in der Erbsengasse

Der stattliche Fachwerkbau (1944 kriegszerstört) war 1658 unter Graf Friedrich Casimir von Hanau-Lichtenberg als neues Gebäude zur Münzprägung zur Verfügung gestellt worden. Die alte, einst gegenüber gelegene, Münze war im Jahr zuvor abgebrochen worden. 1786–1847 lutherisches Waisenhaus, danach Mietshaus für ca. 10 Parteien. Heute befindet sich an dieser Stelle ein Parkplatz.

## Der Hof des Edelsheimschen Palais, Steingasse 4

Das Stadtpalais war um 1680 durch den hanauischen Regierungspräsidenten, unter der Regentschaft von Graf Friedrich Casimir von Hanau-Lichtenberg, Johann Georg Seiffert von Edelsheim zusammen mit Nebengebäuden wie Scheuer, Stallungen und Remise errichtet worden. 1821 gehörte es den Hanauer Tabakfabrikanten Joseph Springmühl und August Rühl, Hanauer Oberbürgermeister 1848/49. 1870–80 weiter als Zigarrenfabrik genutzt und ab 1910 Weißbindergeschäft Grosch und Söhne. 1955 wurde die Kriegsruine abgerissen.
Heute befindet sich an dieser Stelle ein Parkplatz.

# Erstes Rathaus der Stadt Hanau, Altstädter Markt 1-3/Ecke Metzgergasse...

In den Jahren 1483/84 ließ die kleine Stadt Hanau ihr Rathaus errichten. Es war eine ebenerdig offene Halle und darüber ein Fachwerkgeschoss, für die Ratsherrensitzungen, mit hohem Giebel und spitzen Türmchen. Ein markanter Erker eröffnete den Blick auf die damaligen zwei Stadttore, das Metzgertor in gleichnamiger Gasse und das Kinztor am Ende der Marktgasse.

Spätere Umbauten ließen das Erscheinungsbild wie es auf der Fotografie zu sehen ist entstehen. Zu Beginn des 19. Jh. diente es als Mehl- und ab 1870 als Spezereihandlung Gustav Gerlach & Nachfolger Wilhelm Eckel. 1939 erwarb es wieder die Stadt Hanau. Links vom ersten Rathaus W. Gelhaar, Hofspengler, Gas- und Wasserleitungsgeschäft, Metzgergasse 2/4.

Heute steht an dieser Stelle ein Neubau der Wiederaufbauzeit der 1950er Jahre. Ein Sandsteinmedaillon zeigt das Rathaus nach einer Zeichnung von 1731. In den Arkaden des Erdgeschosses befindet sich ein Café.

## ... und sein Erker

Der Erker mit gotischem Maßwerk zeigt uns zwei bemerkenswerte Sandsteinplastiken: Einen Kopf mit einem Doppelgesicht sowie einen Gauch (Narrengestalt). Vermutlich war der doppelgesichtige Stein der Schlussstein eines Spitzbogens von einem der Sandsteinbögen der einst offenen ebenerdigen Halle des Rathauses. Da der Sandstein zugleich ein Jugend- und Altersgesicht zeigt, das einem Kopf entspringt, soll dies offenbar an die Vergänglichkeit allen menschlichen Lebens und zu einem gottgefälligen Lebenswandel mahnen.

Die zweite Steinplastik, der Kragstein des Erkers, zeigt einen Gauch mit übergroßen Ohren und dem Zeigefinger am Mundwinkel. Offensichtlich soll hier an die Tugend der Verschwiegenheit gemahnt werden: Hören ist besser, denn reden!

## Gerechtigkeitsbrunnen am Altstädter Rathaus

Die Brunnen mittelalterlicher Städte waren lebensnotwendige Einrichtungen für die Wasserversorgung der Menschen und Tiere. Gewöhnlich waren sie als Ziehbrunnen ausgeführt. 1611 beschloss der Rat der alten Stadt Hanau die vorhandenen Brunnen neu fassen zu lassen. Einer davon war der Gerechtigkeitsbrunnen. Die beiden kannelierten Sandsteinsäulen mit korinthischen Kapitellen tragen ein ebenfalls sandsteinernes Gebälk, an dem sich das Rad zum Aufziehen der Wassereimer befand. Die drei Rollkartuschen zieren Löwenköpfe. Rechts und links sitzen Löwen, die Schilde mit dem Wappen der Altstadt, Sparren und aufsteigender Löwe (rechts) und dem der Grafen von Hanau-Münzenberg und Rieneck (links), zeigen. In der Mitte steht die allegorische Gestalt der Tugend der Gerechtigkeit, die Justitia mit Schwert und Waage, Symbol der städtischen Gerichtsbarkeit.

Die Fotografie zeigt den heute auf dem Altstädter Marktplatz frei stehenden Gerechtigkeitsbrunnen in der Fassade des Rathauses eingemauert. Er ist seiner Funktion als Ziehbrunnen enthoben. Das Wasser kommt aus einem Hahn aus dem Hause, die Zuleitung liegt im hölzernen Kasten. 1928 wurde der Altstädter Markt umgestaltet und der Ziehbrunnen mit sandsteinerner Umrandung wieder frei aufgestellt.

## ◀ Das Altstädter Rathaus, Altstädter Markt

Gut 50 Jahre später, 1537/38, ließ der Rat der Stadt ein neues, größeres und prächtigeres Rathaus am Altstädter Markt errichten. Beide Stirnseiten sowie Keller und Erdgeschoss sind in Stein und die beiden Obergeschosse in Fachwerk ausgeführt. Hier fanden die Ratssitzungen statt. Über den Kellerzugang führt eine doppelläufige Treppe ins Gebäude. Ebenerdig waren offene Zugänge für die Halle an Markttagen und Zugang zur Stadtwaage. Das dreigeschossige Dach war Speicher.

Im Jahre 1768, unter Herrschaft des Erbprinzen Wilhelm von Hessen-Kassel wurde das Rathaus ausgebessert. Die zwei Erker wurden beseitigt und das Fachwerk verputzt, es erhielt eine klassizistisch anmutende Fassade. Ab 1835, der endgültigen Vereinigung der Räte beider Städte Hanau, wurde das Gebäude zunächst Landgericht und ab 1850 Schule. 1902–41 beherbergte es das Museum des Hanauer Geschichtsvereins. Zuvor war die Fachwerkfassade nach Plänen des Maurermeisters Feldmann 1731 rekonstruiert worden. 1942 wurde unter nationalsozialistischer Herrschaft das Deutsche Goldschmiedehaus eingerichtet. Drei Jahre später fiel das Gebäude einem alliierten Luftangriff zum Opfer. 1958 wurde es als Abschluss des ersten Abschnitts des Wiederaufbaus von Hanau erneut als Goldschmiedehaus eröffnet. Im Bildhintergrund die Marienkirche.

## Die Kanzel und das Grabmal Philipp Ludwig I. in der Marienkirche

Das Epitaph ist das bedeutendste und größte Renaissance-Monument im Kirchenraum. Der 1580 verstorbene Graf ist in voller Rüstung zusammen mit seinem sitzenden Hund auf einem Sockel dargestellt. Die linke Hand ist auf den Schwertgriff und die rechte in die Hüfte gestützt. Der Kopf mit gestutztem Bart und kurzem, welligem Haar ist geradeaus gerichtet. Seitlich zu seinen Füßen liegt der Stechhelm. Beidseitig ist das Grabmal mit korinthischen Säulen eingefasst und von reichlich Schmuckwerk umgeben. Auf dem Gebälk stehen die allegorischen Figuren der Tugenden: Glaube, Liebe, Hoffnung.

## ◄ Die Marienkirche

Die Gründung der ersten Stadtkirche liegt im 13. Jh. Unter Graf Johann Reinhard II. von Hanau-Münzenberg wurde mit der Vergrößerung des Kirchenbaus begonnen. In der Zeit von 1448–54 entstanden Turm und Langschiff, 1485–92 der hochgotische Chorraum, so wie er noch heute erhalten ist. Weitere Umbauten folgten bis zur Zerstörung am 19. März 1945. Der Hochaltar der Kirche war einst Maria-Magdalena geweiht, nach der sie auch benannt worden war. Sie war Grablege des Hanauer Grafenhauses. Mit der Reformation wurde das Langhaus 1558 bis 1561 zu einer Saalkirche umgebaut. Unter Graf Philipp Ludwig II. von Hanau-Münzenberg wurden die mittelalterlichen Altäre abgebrochen, Bilder und Figurenschmuck entfernt. Die „Hochdeutsch Reformierte Kirche" behielt diesen Namen bis zur Hanauer Union 1818, der Vereinigung der lutherischen und reformierten Kirchengemeinden. Die Fotografie zeigt einen Blick auf den im Krieg unzerstört erhaltenen Chorraum. Der sichtbare Turmhelm wurde nach dem Kriege wieder aufgebaut.

Im Bild die Situation vor dem Abbruch der Häuser in der Wolfsgasse.

### Der Blick in die Tiefe Gasse, Haus Nr. 1

Vom Altstädter Markt ausgehend führte die Tiefe Gasse zum Johanneskirchplatz. In den Wiederaufbaujahren wurden einige schmale Gassen, wie die Tiefe Gasse, Enge Gasse, Neue Gasse und Wolfsgasse, zugunsten einer Blockrandbebauung, wie sie auch in der Neustadt vorhanden war, aufgegeben.
1938 begann die nationalsozialistische Stadtregierung mit dem Projekt der Fassadenfreilegung in der Altstadt. Das Eckhaus, Tiefe Gasse 1 – das Präsenzhaus oder Predigerhaus von 1551 – zählte mit seinem Erker zu den schönsten Häusern am Altstädter Markt. Im 18. und bis zum Beginn des 19. Jhs. wohnten darin die Kirchendiener und -verwalter. Die Fotografie zeigt noch die Häuser im verputzten Zustand aus dem 19. Jahrhundert. Rechts im Bild sieht man das Haus Altstädter Markt 9, die Manufaktur- & Leinenwarenhandlung Franz Müller, in den 1950er Jahren Friseur Heinrich Seidel.
Im Hintergrund der mächtige Turm der Johanneskirche.

## Die Schlendergasse von der Johanneskirche aus gesehen

Das Bild zeigt den am besten erhaltenen Teil der die alte Stadt Hanau umfassenden Wehrmauer. Die erste urkundliche Erwähnung dieser Stadtbefestigung stammt aus dem Jahre 1338. Deutlich sichtbar sind die auf Kragsteinen sitzenden kleinen Stützbögen, die einen überdachten Wehrgang trugen. Mit der Stadterweiterung um eine erste Vorstadt verlor dieses Stück der Stadtmauer seine fortifikatorische Bedeutung. Häuser wurden unmittelbar an die Außenseite gebaut. Erhalten blieb die schmale Gasse an der Innenseite.

## Die Johanneskirche

Mit dem Erbe der Grafschaft Hanau-Münzenberg durch die Linie Hanau-Lichtenberg 1642 wurde von Graf Friedrich Casimir das evangelisch-lutherische Bekenntnis eingeführt. Somit musste eine neue Kirche gebaut werden. Da innerhalb des Altstadtbereichs kaum mehr freier Platz vorhanden war, wurde durch Abriss Raum für den Kirchenbau geschaffen. Die Johanneskirche wurde 1658–64 an der Altstadtbefestigung errichtet. 1727–29 erfolgte eine Erweiterung des Kirchenschiffs zu einem quadratischen Raum. Erst 1818 erhielt sie den Namen Johanneskirche nach Kurfürst Johann Georg von Sachsen, der den Grundstein legte.

Das Bild zeigt uns die Johanneskirche von Südosten, vom Schulgebäude aus gesehen. Links in der Ostwand des Gebäudes ist der Eingang zum Fürstenstuhl zu sehen.
Der Krieg hatte auch diesen Bau als Ruine hinterlassen. 1955 wurden die Außenmauern abgerissen, um dem Neubau von 1955/56 Platz zu machen.

### ▶ Die Orgel der Johanneskirche

1664 wurde die Orgel von Orgelbaumeister Abraham Fischer aus Marktbreit gebaut.

## Der Turm der Stadtmauer/Hof in der Großen Dechaneigasse

Die etwa 6–7 m hohe Stadtmauer war aus Basaltbruchsteinen errichtet worden. Auf ihr verlief ein gedeckter Wehrgang, der über Wehrtürme (Schalentürme) zugänglich war. Die Fotografie zeigt uns einen solchen alten Wehrturm in der Großen Dechaneigasse, im Hof der Gaststätte Zum Falken. Nach der Zerstörung Hanaus am 19. März 1945 ragten aus den Trümmern große Teile der alten Befestigungsmauer, insbesondere in der Nordstraße, der einstigen Judengasse, empor. Durch die Bebauung im Laufe der Jahrhunderte war sie kaum mehr sichtbar gewesen. Trotz großen Protestes aus der Bevölkerung entschlossen sich die politisch Verantwortlichen, die alte Stadtmauer am 19. Oktober 1949 zu sprengen und an diese Stelle Wohnbauten zu setzen.

## Der Blick in die Metzgergasse von Westen

Die Fotografie gibt den Blick von der Hospitalstraße in die Metzgergasse wieder. Links im Bild ist die Altstadt-Apotheke an der Ecke zur Schulgasse zu sehen. 1682 errichtete der Neustadt-Apotheker J. Dietrich Hofstadt seine zweite Apotheke Zum Weißen (ursprünglich Goldenen) Schwan, Metzgergasse 2. Dahinter an der Einmündung zur Schlendergasse das Haus am Metzgertor, Werkmeister Oswald Jankowski „Fahrräder, Nähmaschinen, Wring- und Waschmaschinen, Kassenschränke und Kassetten, Maschinenbauanstalt, Mechanische Werkstätte etc.". Das nachfolgende Haus aus dem Jahre 1587 beherbergte um 1910 die „Brod- und Fein-Bäckerei Karl Corvinius". Heute befindet sich an dieser Straßenseite ein Kiosk und ein Installationsgeschäft.

Im Hintergrund ist der Stufengiebel des Altstädter Rathauses und der Turmhelm der Marienkirche sichtbar.

## Das Haus Bangertstraße 14/Ecke Metzgergasse

Mit dem Bau der ersten Vorstadt entstanden auf dem Graben vor der Stadtmauer neue Häuser. So das auf dem Bild sichtbare Eckhaus mit Erker aus dem Jahre 1597. Um 1900 befand sich darin die Kolonialwarenhandlung von Wilhelm Schlingloff und um 1910 der Hanauer Kreditverein und Konsumverein, Verbrauchergenossenschaft. Die zwei Schaufensterscheiben sind wie folgt beschriftet: „Tonbildtheater, Kinematograph, lebend, singend, sprechend und musizierende Photographien. Heiter u. ernst. Witz u. Humor aus aller Welt. Jede Woche Programmwechsel stets das Neueste." Heute befindet sich in dem Haus ein Drogeriemarkt. An der Hauswand zur Metzgergasse ist im Wandputz ein Bürgerpaar dargestellt. Das Schriftband darunter: „Erbaut anno 1597 / Zerstört 1945 / wiederaufgebaut 1953-58".

## Erkerfigur des Hauses Bangertraße 14

Dargestellt ist die Figur des Konsolsteins, ein knieender bärtiger Mann, auf dem der Erker des Hauses ruht.

## Das Stadthaus, städtische Badeanstalt, Bangertstraße 2

1731/32 wurde auf dem Graben neben dem Holzhof das so genannte Stadthaus erbaut. Es wurde seit dieser Zeit als Wohnung des Stadtsyndikus, des Stadtsekretärs, des Stadtkämmerers sowie zeitweise als Büro der Sparkasse, später städtische Bibliothek und ab 1910 als Volksbrausebad genutzt. In dem Eckhaus Bangertstraße/Große Dechaneigasse befindet sich heute die Löwenapotheke.

## Das Hospital

Das erste Hospital der Stadt Hanau war um 1320 als eine Stiftung des Hanauer Grafen Ulrich II. und seiner Gemahlin Agnes entstanden. Bedürftige Reisende, Kranke, Arme und Waisen sollten dort eine Unterkunft finden. Die Einrichtung befand sich zunächst in der Marktstraße. Da der Bedarf an Hospitalplätzen stieg, wurde 1501–05 ein Neubau in den gräflichen Gärten, der Hospitalstraße 46, errichtet. Das Haus mit Kirche war dem „Heiligen Geist" geweiht und als solches „Hospital zum Heiligen Geist" benannt. 1759 stiftete der Hessen-Kasselische Steuerrat Jacob Camp das neben dem Hospital stadtauswärts gelegene Haus „Zum Weißen Schwan" als Waisenhaus. 1775 erhielt die Waisenhausstiftung die Konzession zum Betrieb einer Druckerei, deren Einnahmen zum Unterhalt des Waisenhauses dienen sollten. Ab 1776 erschienen die „Privilegierten Hanauer Wochen-Nachrichten", aus denen sich die Tageszeitung des „Hanauer Anzeigers" entwickelte. Mit der Zerstörung der Stadt zum Ende des II. Weltkrieges fiel auch das Hospital in Trümmer.

Seit 1334 war das Hospital eine eigenständige Anstalt unter Leitung eines Spitalmeisters. Neben bedürftigen Bürgern konnten sich auch wohlhabende Alleinstehende dort einkaufen, um ihren Lebensabend zu verbringen. Zur Zeit der Fotografie unterhielt das Althanauer Hospital 40 Pfründnerstellen.

Rechts im Bild das Geschäft „Schuhwarenlager Jean Föller, Schuhmachermeister" Hospitalstraße 44, sowie die Spezereihandlung Wilhelmine Münzenberger Wwe. Haus Nr. 42.

## Das Stadttheater

1768–71 wurde das „Komödienhaus" (Stadttheater) unter der Regierungszeit des Erbprinzen Wilhelm IX. von Hessen-Kassel errichtet. Baumeister war Franz Ludwig Cancrin. Da die mittelalterlichen Festungswerke der Altstadt zur Neustadt hin noch nicht vollends abgebrochen waren, musste der Bau an die Ecke des Bangert-Geländes gestellt werden. Erst 1777/78 wurde der halbrunde Bau angefügt. Es war einer der ersten freistehenden Theaterbauten Deutschlands entstanden. Der recht schmucklose Bau gliederte sich durch rhythmisierende Pilaster und Bögen und erhielt dadurch ein klassizistisches Aussehen. Vermutlich in den 1920er Jahren wurde die Fassade recht einheitlich verputzt. Die Ruine des Stadttheaters diente im Erdgeschoss in den ersten Nachkriegsjahren dem Kaufhaus Neckermann als Geschäftsraum.

1954 wurde sie abgerissen. 1957/58 entstand an dieser Stelle das erste, achtgeschossige Hochhaus Hanaus, das so genannte Ypsilon-Haus, Freiheitsplatz 14.

**Das Gasthaus Zum Goldenen Löwen, Vorstadt 1, Straßenseite...**

**... und Hofseite**

Zwischen dem Hospitaltor und der Kinzigbrücke war die zweite Vorstadt angelegt worden. An den Eingangstraßen lagen bevorzugt die großen Gasthäuser. Sie boten den Reisenden, neben Unterkunft und Essen, Platz für Kutschen und Wagen zum Ausspannen und Unterstellen. Der Gasthof des Goldenen Löwen zeigt uns einen reizvollen Hof mit Galerie unter dem Mansarddach. Von 1750 bis 1900 wird die Wirts- und Bierbrauerfamilie Bauscher als Eigner genannt. Ab 1910 bis in die NS-Zeit ist die Wirtschaft „Zum Löwengärtchen" aufgeführt.

## Das Portal der alten Hohen Landesschule

Das eindrucksvolle Portal zeugt noch heute von den stolzen Ansprüchen der Hohen Landesschule. Im Stil der späten Renaissance geben die zusammengestellten Dekore von Fialen, Rollwerk, Kartuschen, Löwenköpfen und Fruchtgirlanden Zeugnis ihrer Stifter. Die Wappen von Graf Friedrich Casimir von Hanau-Lichtenberg und seiner Ehefrau Sybille Christine von Anhalt bilden den Abschluss. Die Jahreszahlen 1607 und 1664 geben die Bauzeit an.

Das Portal wurde nach dem Neubau der Hohen Landesschule am Alten Rückinger Weg seitlich vom Zugang triumphbogenartig platziert.

## Die alte Hohe Landesschule

Das mächtige Schulgebäude war eine Gründung des Hanauer Grafen Philipp Ludwig II., der am 18. Juli 1607 die Fundationsurkunde unterzeichnete. Nach Durchsetzung der zweiten calvinistisch orientierten Reformation sollte die Hohe Schule Glauben und Bildung festigen. Allerdings überlebte der bedeutende Hanauer Graf die Grundsteinlegung nur um wenige Monate. Seine Witwe Catharina Belgia betrieb das Projekt in den schweren Zeiten des Dreißigjährigen Krieges und erweiterte die Schule zu einem Gymnasium Illustre mit vier Fakultäten. Auf dem Graben vor der mittelalterlichen Stadtmauer, zur Neustadt und Judengasse hin an der Schirn (den Metzger- und Fleischhauerständen), begann 1612 der Schulbau, der erst 1664/65 vollends aufgebaut war.

In der Nacht des 23. auf 24. Mai 1912 verursachte ein Blitzschlag ein Feuer und das Gebäude brannte aus. Mit einem flachen Dach versehen nutzte die Stadtverwaltung das Gebäude, zuletzt als Fürsorge- und Wohlfahrtsamt, bis zur Kriegszerstörung. Im Zuge des Wiederaufbaus wurde die Ruine des Schulhauses aus Basaltbruchstein 1954 abgeräumt. Das heutige DGB-Haus wurde 1958 im zeittypischen Stil dort errichtet.

## Das Zeughaus

Das 1782 errichtete Gebäude war kein Neubau, sondern eine Zweitverwendung. Ursprünglich stand das schmucke Haus als herrschaftliches Jagdhaus in Harreshausen bei Babenhausen. Dort war es abgetragen worden, um in Hanau auf dem Paradeplatz wieder aufgebaut zu werden. Erbprinz Wilhelm IX. von Hessen-Kassel, der 1764–86 in Hanau residierte, ließ die überflüssig gewordenen Festungswerke zwischen Alt- und Neustadt abbauen und die Wassergräben verfüllen (1768–79). Der allmählich entstandene riesige Platz sollte als das neue Zentrum Hanaus, der Verbindung der überkommenen zwei Städte Alt- und Neuhanau, mit repräsentativen Bauten entstehen. Stadttheater, Collegienbau und Zeughaus waren die Bauten, denen weitere folgen sollten. Der Platz war in die Esplanade und in „die Parade" geteilt worden. Aufgrund der Regierungsübernahme des Erbprinzen in der Residenz Kassel blieb das Projekt „neue Stadtmitte" aber unvollendet.

Das Zeughaus diente zunächst als Arsenal, Waffenkammer, Hauptwache mit „scharfem Lattengefängnis" und Aufbewahrungsort des „Wolf", dem Prügelbock zur öffentlichen Bestrafung bei geringen Vergehen. 1898, 1901 und 1909 wurden Umbauten vorgenommen. Zur Zeit der entstandenen Fotografie war das Haus Hauptwache, Zeughaus und königliches Hauptmeldeamt. Links im Hintergrund Häuser der nicht mehr existenten Schirnstraße. 1935/36, in nationalsozialistischer Zeit, wurde das Gebäude als Feuerwache mit Gerätehaus umgebaut. 1953 wurde die Kriegsruine abgeräumt. Es entstand in den Folgejahren der „moderne Verkehrsknotenpunkt" mit großem Busbahnhof und PKW-Parkplatz, umgeben von Wohnbauten mit Ladenzeilen.

## Der Röhrenbrunnen, Philipp-Ludwig-Anlage

Der Röhrenbrunnen ist eine recht lapidare Bezeichnung für ein kleines barockes Denkmal unserer Stadt, das nicht mehr existiert. Um gutes Trinkwasser in die Stadt zu bekommen, wurde 1748–50 eine Wasserleitung in Tonröhren von Buchen nach Hanau verlegt – also die Röhre. Den letzten Ausfluss fand diese Röhrenleitung im Brunnen am Neustädter Marktplatz. 1896 musste dieser Brunnen, der bereits trocken war, der Aufstellung des Nationaldenkmals der Brüder Grimm weichen. Auf der Südseite des heutigen Freiheitsplatzes, damals Philipp-Ludwig-Anlage, wurde das Sandsteindenkmal wieder errichtet. Auf der Vorderseite des Brunnens war am quadratischen Sockel ein Ausfluss aus einem Löwenmaul in eine Brunnenmuschel angebracht. Der darüber befindliche säulenartige Obelisk zeigt allegorische Darstellungen. Zwischen zwei Putten, von denen eine einen Spiegel, die andere ein Füllhorn hält, ist die Gerechtigkeit dargestellt. Sie stützt sich auf ein aufgeschlagenes (Gesetz-) Buch, das auf einem Kissen mit zwei gekreuzten Schlüsseln ruht. Mit der anderen Hand hält sie ein Schwert empor, an dem sich eine Schlange ringelt.

Auf der Rückseite befand sich ebenfalls zwischen zwei Putten eine sitzende Frauengestalt, die einerseits einen Schwan umklammert und andererseits einen Blumen- und Früchtekorb hält. Auf dem Obelisk befindet sich ein Merkurstab. Dargestellt ist die Allegorie der Tugend der Standhaftigkeit, die der Verführung widersteht und dafür im Übermaß belohnt wird. Der Sockel trägt die Jahreszahl der Erbauung 1768.

Das Brunnendenkmal wird von einem stehenden Löwen bekrönt, der mit einer Pranke einen Schild mit dem Neustädter Sparrenwappen und der davor sitzenden Stadtgöttin sowie mit der anderen Pranke ein Schwert hält. Eine Allegorie auf die Stadtgerechtigkeit.

Auf dem Bild mit Blick zur Platzseite ist im Hintergrund das Stadttheater zu sehen.

Auf dem Bild zur Philipp-Ludwig-Anlage hin ist rechts das Geschäft in der Hausnummer 3 „H.L. Trapper Installationen Beleuchtungsartikel" und links die Hausnummer 9 „August Sippel feines Herren-Maßgeschäft, Tuch-Handlung" zu erkennen.

## Der Neustädter Marktplatz

Die Planung der Hanauer Neustadt sah einen orthogonalen (schachbrettartigen) Grundriss für die neu anzulegende Stadt vor. Zwei nahezu gleich große und gleichrangige Plätze, der Marktplatz und der Kirchplatz, bildeten die Stadtmitte. Die Achse Kirche-Rathaus war verbunden durch die Paradiesgasse, seitlich durch die heutige Lindenstraße und die Kölnische Straße. Isaak Meusenholl, Juwelier und einer der wichtigsten und wohlhabendsten Neustadtbürger, übernahm die Kosten (400 Gulden) für das Auffüllen des Marktplatzes. Es entstand eine erhöhte Platzfläche, von der das Wasser nach allen Seiten abfließen konnte. Die rund 8000 Quadratmeter große Fläche wurde 1605 mit etwa 11 500 Kubikmeter Sand und Kies aufgefüllt.

Der Platz war von repräsentativen 2-3-geschossigen Kaufmannshäusern umgeben, die zwischen 1601 und 1610 erbaut

worden waren. Erst 1725/26 wurde der bis dahin frei gebliebene Platz mit dem Rathaus bebaut. 1896 wurde vor das Rathaus das Nationaldenkmal der Brüder Grimm gesetzt. In der Ost-Westachse standen zwei mächtige fünfarmige Kandelaber.
In den Wiederaufbaujahren wurden die Süd-, West- und Nordseite des Platzes mit stilistisch einheitlichen Bauten geschlossen. Mit Ausnahme des Rathauses, das in Form eines Stadtpalais u-förmig freigestellt wurde. Die Ostseite des Platzes wurde mit dem Bau des Kaufhofs 1957 arrondiert.

Im Hintergrund der Bildmitte sieht man die Häuser Krämerstraße/Ecke Hammerstraße „Schwanenapotheke" und Kaufhaus „M.L. Berlizheimer & Söhne" (heute Modehaus H & M). Mittwoch und Samstag vormittags findet auf dem Platz einer der schönsten und größten Wochenmärkte Hessens statt.

## Das Neustädter Rathaus mit seinem Giebel

Erst unter dem Grafen Johann Reinhard III. von Hanau-Lichtenberg wurde das Neustädter Rathaus erbaut. Am 11. Juni 1725 war der Grundstein gelegt worden. Am 12. Dezember 1726 wurde das Richtfest gefeiert. 1733 fand die feierliche Einweihung statt und 1755 wurde der Uhrturm aufgesetzt. Ein dreigeschossiger Bruchsteinbau mit Walmdach entstand. Die marktseitige Schmuckfassade war in fränkischem Sandstein ausgeführt. Ein erkerartiger Mittelrisalit, mit einem Balkon mit schmiedeisernem Geländer sowie Neustädter Wappen und Schmuckgiebel, gestaltet die Marktseite. Von den neun ebenerdigen Arkaden waren einst die sechs rechten Bögen zur Eingangshalle, der Ratsstube und Wache, geöffnet. Architekt war Ludwig Christian Herrmann. Der Hof des Rathauses grenzte unmittelbar an das Wohnhaus der Grimms in der Langgasse. Dort war der Malerbruder Ludwig Emil geboren worden und Jacob und Wilhelm verbrachten dort ihre frühen Kindheitsjahre. Das Bild zeigt den Zustand um 1910.

Den Schmuckgiebel zieren zwei allegorische Frauengestalten, die auftragsgemäß die Gerechtigkeit (städtische Gerichtsbarkeit) und den Frieden symbolisieren. Links die Frauengestalt mit der Waage der Gerechtigkeit und dem Zepter mit dem Auge Gottes im strahlenumkränzten Dreieck. Daneben ein Greif mit Schwert. Rechts die Frauengestalt mit Gesetzesbuch und Friedensfackel. Der Kranich als Symbol der Wachsamkeit. Mittig unter einer Krone befindet sich das Allianzwappen des Grafen Johann Reinhard III. von Hanau-Lichtenberg (links) und seiner Gemahlin Dorothea Friederike Markgräfin zu Brandenburg-Ansbach (rechts). Heute ist das Wappen farbig gefasst und Teile des Giebels sind vergoldet.

### Der Marktbrunnen Fahrstraße/Ecke Salzstraße

In den Ecken des Platzrechtecks des Neustädter Marktes bildeten vier gleich gestaltete Brunnen eine architektonische Gestaltung des großen Platzes. Da nur wenige Häuser der Neustadt über eigene Brunnen verfügten, waren öffentliche Brunnen zur Wasserversorgung lebensnotwendig. Sie bedurften einer besonderen Pflege, die durch die Brunnenmeister des Quartiers zu leisten war. Die Brunnen fungierten auch als „Nachrichtenbörsen" an denen „Klatsch und Tratsch" gediehen. Sie waren als Ziehbrunnen gebaut, über die mittels Eimer das Wasser hochgezogen wurde. Über einem runden Sandsteintrog befinden sich seitlich kannelierte Sandsteinsäulen. Darüber ein verziertes Sandsteingebälk mit Jahreszahl, Rollwerksaufsatz mit Neustadtwappen und einem sitzendem Löwen darüber.

Im Bildhintergrund ist links das Schild des Lebensmittelgeschäfts „Latscha" zu sehen. Rechts im Eckhaus im Stil der Neurenaissance die 1889 eröffnete Kaufhausfiliale S. Wronker & Co. Inh. Herrman Wronker Frankfurt a.Main. Die zweitgrößte deutsche Warenhauskette, die 1929 einen modernen Neubau am „Platz der Republik" errichtete, wurde in der nationalsozialistischen Diktatur „arisiert". 1934 in Hansa umbenannt, danach Hertie, heute Karstadt am Freiheitsplatz. Daneben in der Fahrstraße 2 das Geschäft von Max Stohmeyer, Inh. Wilhelm Köhler, chirurg. u. techn. Gummi-, Guttapercha- u. Asbestwaren, Ledertreibriemen, Maschinenbedarfsartikel.

### Der Marktbrunnen, Römerstraße/ Ecke Lindenstraße vor Haus Lossow

1605 wurde der erste Brunnen, der „Fischbrunnen", an der Platzecke zur Römerstraße/Lindenstraße errichtet. Den Namen erhielt er aufgrund des dort abgehaltenen Fischmarktes. Die vier Brunnen sind von den Hanauer Chronisten Ernst J. Zimmermann und Wilhelm Ziegler unterschiedlich benannt: einmal nach den Marktständen, die in deren Umgebungen standen, in Fisch-, Säu-, Tauben- oder Holzbrunnen. Die andere Benennung richtete sich nach den Namen der Häuser, die ihnen gegenüberstanden: Schwanen-, Rabeneck- und Zangenbrunnen. Zur besseren Wasserförderung wurden 1860 die vier Ziehbrunnen des Neustädter Marktplatzes in Pumpbrunnen umgebaut. 1881 übernahm die Stadtverwaltung alle 43 öffentlichen Brunnen und realisierte zwischen 1885–90 das erste öffentliche Wasserversorgungsnetz.

Auf dem Bild ist deutlich der Wasserausfluss aus einem Löwenmaul zu sehen, links davon der Hebel zum Wasserlauf.

Im Hintergrund links ein Waggon der Linie 1 der Hanauer Straßenbahn. Die „Elektrische" wurde ab 1908 mit der Linie 1, vom Ostbahnhof über den Marktplatz zur Rosenau, begonnen.

Ebenfalls im Hintergrund der Schwanenbrunnen, der heute als einziger erhaltener Brunnen in der Achse zur Paradiesgasse umgesetzt wurde.

## Das Haus Hof-Apotheke „Zum Goldenen Schwan", Marktplatz 17–19/Ecke Krämerstraße

1597 ließ der Gold- und Juwelenhändler Cornelis van Daele (Antwerpen, Frankenthal, Frankfurt) das stattliche Haus „Zum Goldenen Ring", Am Markt 19 (17), errichten. Das zweigeschossige Haus stand traufseitig zum Markt. Hoch ins Dachgeschoss hinein ragten drei reich verzierte Giebel. Zwei ebenso reich verzierte Portale öffneten die Zugänge zum Haus. Der zu den höchstbesteuerten Neustadtbürgern zählende van Daele war auch Ratsherr der Neustadt.

1624 kaufte Constantin Craß das Anwesen und richtete dort seine Apotheke ein und nannte sie „Zum Güldenen Schwan". Auf dem Bild ist über der ersten Tür eine Schwanenfigur zu sehen. Darüber die Aufschrift Hofapotheke. Über dieser zwei aufsteigende Löwen, die unter einer Krone ein Wappenschild halten. 1677 betrieb Johann Dietrich Hoffstadt die Apotheke. Seine Spezialität war der „Himmlische Theriak". Zu diesem pharmazeutischen Produkt ließ er das erste bekannte Werbeschild fertigen, heute im Historischen Museum Hanau, Schloss Philippsruhe, zu besichtigen.

Seitlich vom Portal die ausgefahrene Markise von Mainzer & Bruchfeld, dem 1894 von Max Mainzer und Leopold Bruchfeld gegründeten Wäschegeschäft. Später befand sich das Geschäft, wesentlich vergrößert, unmittelbar neben dem Rathaus und ab 1938 in der Hammerstraße. Beim Judenpogrom am 10. November 1938 („Reichskristallnacht") wurde das Geschäft geplündert und zerstört. Der Inhaber Leopold Bruchfeld, jüdischer Religion, verkaufte daraufhin sein Geschäft notgedrungen an zwei Mitarbeiter. Er selbst wurde mit 75 Jahren nach Theresienstadt deportiert, wo er 1943 zu Tode kam.

Nach der Zerstörung zu Ende des II. Weltkrieges wurde 1949 das Ruinengrundstück wieder bebaut.

Heute befindet sich in dem Haus die Hofapotheke Zum Goldenen Schwan und nebenan ein Kaffeegeschäft.

## Das Portal Haus Marktplatz 17

Das reich ausgestaltete Portal ist von aufgesockelten Säulen mit verzierten Kapitellen eingefasst. Bekrönt sind diese mit jeweils nach drei Seiten schauenden Gesichtern mit Blütengirlanden und -kranz. In dem darüber befindlichen Wappen ist eine Weinrebe zu sehen, darüber ein Helm mit heruntergeklapptem Visier und gespreizten Flügeln.
Der originale Wappenstein des Portals, der einst farbig gefasst war, befindet sich heute im Historischen Museum Hanau, Schloss Philippsruhe. Im Rundbogen das reich verzierte barocke Holztor, die Wageneinfahrt des Hauses.

## Das Portal Haus Marktplatz 19

Das Portal ist dem von Haus 17 ähnlich. Allerdings schmaler mit zweiflügeliger Tür über drei Stufen. Mittig ist das Wappen des Gold- und Juwelenhändlers Cornelis van Daele angebracht. Der Wappenstein zeigt einen Helm mit geschlossenem Visier. Darunter ein Ring in Form einer Schlange, die den eigenen Schwanz schluckt. Als Helmaufsatz ein Greif, der einen Ring hält, Symbole des Hauses Zum Güldenen Ring.

## Treppenhaus Marktplatz 18, Konsistorium genannt

Die Fotografie zeigt uns einen für die Bauweise der repräsentativen Neustadthäuser typischen Hauseingang: Diele mit Durchfahrt zum Hof und Treppenaufgang.
Zur Zeit der Bildaufnahme befand sich in diesem Haus das Amtsgericht Abt. I-III, Gerichtskasse und Grundbuchamt.

**Das Haus Zum Braunen Fels …**

Christoph Lescaillet (Christofle L'Escailliet), Backstein- und Kalkbrenner aus Valenciennes, ließ das repräsentative Bürgerhaus ab 1597 erbauen. Über einem erkerartigen Mittelrisalit befindet sich ein Balkon und darüber ein „welscher" Giebel. Das Portal hat beidseitig gedrehte Säulen. Lescaillet war in der Neustadt Bauunternehmer, Ratsherr und Bürger-Colonel. Er zählte auch zu den höchstbesteuerten Neustadtbürgern. Zusammen mit seiner Frau Anna de Famars zahlte er 1000 fl (Gulden) Abschiedsgeld und Strafe für den Abzug aus Frankfurt. Zur Zeit der Fotoaufnahme befand sich links vom Portal die Metzgerei Wendelin Graf. Ab den 1920er Jahren bis zur Zerstörung am 19. März 1945 befand sich rechts vom Portal zur Ecke Paradiesgasse das „Brüder Grimm-Café" und links vom Portal die Brüder Grimm-Buchhandlung. Heute zählt das Haus zum Areal der Hanauer Sparkasse. Im Erdgeschoss befindet sich die Filiale einer Schnellrestaurantkette.

**… und sein Portal**

Das barocke Portal mit beidseitig gedrehten Säulen über niedrigem Sockel mit Maskron zeigt im Türsturz das Schriftband „Zum Braunen Fels". Darüber beidseitig sitzende Putti mit leeren Wappenkartuschen. Im Giebel eine ausgearbeitete Wappenkartusche.

Das Emailleschild an der Tür zeigt die Aufschrift „Robert Nussbaum, Zahnarzt". Der Zahnarzt jüdischer Religion war neben zahlreichen anderen Geschäften, Kanzleien und Praxen Opfer einer ersten Boykottmaßnahme der regierenden NSDAP am 1. April 1933.

## Das Haus Lossow, Marktplatz 13/Ecke Lindenstraße

Das Haus Lossow, nach der Tabak- und Weinhandlung Ch. J. Lossow benannt, zählte zu den ältesten Häusern der Hanauer Neustadt. 1597 hatte Johann de Hollandt ein „Käskrämer" den Grundstücksblock an der Lindenstraße erworben und dort ein stattliches Haus erbaut. Es war eines der wenigen Bauten, die über dem steinernen Erdgeschoss einen unverputzten Fachwerkaufbau hatten, dessen Eckbalken mit Schnitzwerk verziert waren. Jean de Hollande (Johann de Hollandt) kam ursprünglich aus Valenciennes und war zunächst Gehilfe des René Mahieu (erster Bürgermeister, Festungs- und Kirchenbauleiter), dessen Position als Bauleiter er nach dem Tode übernahm. Er zählte zu den höchstbesteuerten Bürgern der Neustadt.

Das Bild zeigt die Pflasterung der Straßenecke nach dem Gleisbau der Hanauer Straßenbahnlinie, vom Ostbahnhof (Hauptbahnhof) zur Rosenau, die am 15. Juni 1908 eröffnet wurde. Im Haus Marktplatz Nr. 13 befand sich die 1788 gegründete Zigarren- und Weinhandlung Lossow, ebenso die Hofschneiderei Gebrüder Reinhardt. Heute befindet sich nach der Geschäftsaufgabe der Tabak- und Zigarrenhandlung Lossow ein Jeansladen im Erdgeschoss des Hauses.

## Die Wallonisch-Niederländische Kirche von Süden

1600 bis 1608 wurde eine außergewöhnliche Doppelkirche für die Neubürger calvinistischen Glaubens, aus einem sich zusammenfügenden Zwölf- und einem Achteck, auf dem Platz der Französischen Allee errichtet. Die Einweihung der größeren Wallonischen Kirche fand 1608 statt, während die kleinere Niederländische Kirche erst 1623 vollendet wurde. Mittig zwischen den beiden hohen Kirchendächern der gemeinsame Kirchturm, der das Uhrwerk der Neustadt beherbergte. Heute ist dieses im Stadtladen am Marktplatz ausgestellt. Baumeister war vermutlich Nicolas Gillet, Bauleiter der Bürgermeister René Mahieu. Vorbild waren im allgemeinen die calvinistischen Rundbauten der Predigerkirchen in Frankreich und im besonderen die im niederländischen Willemstadt. Ursprünglich war die Doppelkirche verputzt. Nach der Zerstörung zu Ende des II. Weltkrieges blieb der wallonische Kirchenbau als Mahnmal an dieses, die Stadtgeschichte entscheidend verändernde Ereignis erhalten. 1985–87 wurde ein modernes Diakoniezentrum in der Ruine errichtet. Der kleinere niederländische Kirchenbau war 1959–60 wieder aufgebaut worden. Er beherbergt seit dem Kriegsende die zusammengefasste Wallonisch-Niederländische Gemeinde.

### Der Innenraum, ...

Der Kirchenraum nahezu kreisartig mit Empore ausgeführt, bot einst 2000 Personen Platz. Am 2./3. April 1848 wurde darin der erste deutsche Turntag gehalten und mit Friedrich Ludwig Jahn der Deutsche Turnerbund gegründet.

### ... die Kanzel und ...

### ... das westliche Portal der Wallonischen Kirche

Das Portal ist auch heute der Haupteingang zur Diakoniestation der Wallonisch-Niederländischen Gemeinde. Die beiden Hauptportale der Doppelkirche waren als mit Dreiecksgiebel und Ovalfenstern überfangene Rundbogentore konzipiert, die in Sandstein ausgeführt waren. Die Wandflächen waren verputzt.

## Das Haus Einhornapotheke, Nürnbergerstraße 41/ Ecke Kölnische Straße

Das Eckhaus der Einhornapotheke war die Keimzelle des heute weltweit agierenden High-Tech-Unternehmens „Heraeus Holding". 1851 hatte Wilhelm Carl Heraeus die Einhornapotheke seiner Vorfahren, 1668 gegründet, übernommen, aus der sich die Platinschmelze entwickeln sollte. Den Anstoß hierzu gab das hiesige Edelmetallgewerbe. Die kostbaren Abfälle wie Gold, Silber und Platin, die bei der Herstellung von Schmuck und Silbergerät entstanden, mussten geschieden werden. 1856 gelang Heraeus ein Verfahren, Platin in großen Mengen vor Ort zu schmelzen und zu Barren zu schmieden. Diese Arbeit geschah bis 1894 im abgebildeten Haus. Danach bezog das aufstrebende Unternehmen sein neues Fabrikareal am heutigen Standort Heraeus-Straße/Grüner Weg.

Die Fotografie zeigt das recht einfache steinerne Haus mit traufständigem Fachwerk. Über der Tür ist die vollplastische Tierfigur eines Einhorns, daneben die Aufschrift „Apotheke" zu sehen. Im Vordergrund sind die Gleise der Hanauer Straßenbahn Linie 1 und 2 erkennbar, die 1908 verlegt wurden.

## Das Haus Arche Noah, Bürgerverein, Französische Allee

An prädestinierter Stelle, gegenüber der wallonischen Kirche am Platz der Französischen Allee, ließ René Mahieu sein außergewöhnliches Haus errichten. Er war 1544 in Valenciennes geboren und mit Barbara Heimedo verehelicht. Wegen seines reformierten Glaubens verließ er Frankreich, um über Strasbourg, Frankenthal und Frankfurt nach Hanau zu kommen. Mahieu war Kaufmann, Seiden- und Weinhändler, Ratsherr, Bürgermeister, Beauftragter für den Festungsbau der Neustadt und Konsistoriumsmitglied der wallonischen Gemeinde (église françoise). Er zählte zu den angesehensten und meistbesteuerten Neustadtbürgern. Das außergewöhnlich große und lange Haus nahm nahezu die gesamte Seitenlänge des Kirchplatzes ein. Auf den zweigeschossigen Bau war ein weiteres Geschoss mit Gauben gesetzt worden. Im Volksmund deshalb Arche Noah (arca noae) genannt. Was auch symbolisch für die Strandung der Glaubensflüchtlinge in neuer Heimat zu verstehen war. 1827 kaufte der britische Major Julius Backmeister das Anwesen und ließ die Arche Noah abreißen. Der kurhessische Hofbaudirektor Julius Eugen Ruhl entwarf einen klassizistischen zweigeschossigen Neubau. Die Fassade

des Erdgeschosses war durch Fugenstrich in Quader gegliedert. Als Besonderheit waren die beidseitigen Zugänge (Zufahrten) mit Hufeisenbögen anzusehen. Die Fotografie zeigt diesen Zustand.

Kurfürst Wilhelm II. von Hessen-Kassel ließ das Anwesen mit Stallungen, Remise und Gesindebau für seine Schwester Marie Friederike Herzogin von Anhalt-Bernburg weiter ausbauen. Daher stammte die Bezeichnung Bernburgisches Palais. 1841 ersteigerte der Berliner Eisenkunstgießer Alfred Richard Seebaß das Anwesen und richtete dort eine Kunstgießerei ein.

Nach dessen Wegzug nach Offenbach führte Charlotte Dilthey dort eine „Erziehungs- und Unterrichtsanstalt für junge Frauenzimmer". 1873 kaufte „Der Bürgerverein" die Liegenschaft und richtete dort seine Clubräume ein: Billardsaal, Restaurant, Bibliothek, Lesesaal, Ballsaal. 1936 übernahm die „Volksgemeinschaft für Kunst- und Heimatpflege" das Haus. Unter nationalsozialistischer Stadtregierung wurde es zum Lokal „Stadtgarten". Nach der Kriegszerstörung entstanden an dieser Stelle Wohnbauten. An einem Erker dieser Wohnbauten erinnert ein Sandsteinrelief an die reiche Geschichte der Vorgängerbauten.

## Das Kaufhaus Zur Weltkugel, Nürnberger Straße 26

Das Gebäude des Kaufhauses Zur Weltkugel wurde 1726 errichtet. In dem ins Dach hineinragenden Giebel befindet sich über dem rundovalen Fenster ein Schriftband mit der Jahreszahl. Darüber erhebt sich die Gestalt des Atlas, der die Weltkugel auf seinen Schultern trägt. Über dem Schaufenster, das mit Petroleumlampen, Küchenwaagen, Fleischwölfen und Geschirr reich bestückt ist, befindet sich das Firmenschild „Inhaber Ludwig Loewi – Warenhaus für sämtliche Bedarfsartikel".

In den Jahrzehnten der Nachkriegszeit befand sich das Kaufhaus Weltkugel in der Hammerstraße.

## Das Haus Carl Sichel & Söhne Manufaktur & Modewaren, Nürnberger Straße 35/Ecke Schnurstraße

Das 1601 erbaute Eckhaus mit drei reich verzierten Giebeln wurde 1906 Sitz der Textilienhandlung der Familie Sichel. Inhaber waren der aus Langenbergheim stammende Carl Sichel und seine Söhne Isaak und Gustav, später noch Emil. Sie firmierten: Manufaktur- und Modewaren, Ausstattungen, Wäschefabrik, Spezialabteilung für Knaben- und Herrenkonfektion. Zwischen den Schaufenstern des Geschäftes Sichel zur Nürnberger Straße hin, befand sich noch das Nähmaschinengeschäft der Firma Singer & Co. AG. Darüber ist das Schild „1. Etage zu vermieten" lesbar. Nach dem aggressiven Boykott der Nationalsozialisten ab April 1933, der nichtjüdische Kunden mit Repressalien bedrohte, verlor das Geschäft der der jüdischen Religion angehörigen Sichels Kundschaft. 1937 mussten sie das Geschäft verkaufen. 1939 gelang der Familie die Auswanderung nach Brasilien. Ein Fischgeschäft, das 1944 von der Kette „Nordsee Fischhandel" übernommen wurde, bestand bis zur Zerstörung zu Kriegsende. Heute befindet sich im neu erbauten Haus ein Schuhgeschäft.

**Das Haus Zum Goldenen Kamm, Nürnberger Straße/Ecke Sandstraße**

Das Haus dieses 1606 erbauten Neustadtblocks beherbergte zur Zeit der Fotografie 1910 die Obst-, Eier-, Gemüse- und Südfrüchtehandlung von Karl Griturr. Die Wappenkartusche im Obergeschoss zeigt einen Goldenen Kamm. Rechts zur Nürnberger Straße hin steht ein Pumpenstock aus Sandstein mit aufgesetzter Deckelvase. Das Motiv des Pumpenstocks vor den Ruinen der zerstörten Stadt ist in zahlreichen Publikationen zu finden. Heute befindet sich an dieser Stelle eine Filiale der Frankfurter Sparkasse 1822.

## Die Häuser Römerstraße 5 und 7

Die beiden Häuser wurden im Gründungsjahr der Neustadt 1597 in ganz gleicher Weise erbaut. Das Haus Nr. 5 ist in seiner sichtbaren Fassade Mitte des 19. Jhs. umgebaut worden.
1607–22 beherbergte es die erste Apotheke, die von Adolph Gomarus gegründet wurde. Zur Zeit der Fotografie beherbergte es das „Bureau" von Rechtsanwalt Otto Müller, Wohnung Friedrichstraße.

## Die Ständische Leihbank, Römerstraße 7

Im Türsturz, über dem Torbogen mit Rollwerk und Löwenkopf, war unter einer Wappenkartusche im Schriftband die Jahreszahl der Erbauung 1597 angebracht.
Das Haus war nahezu im ursprünglichen Zustand erhalten. Die Diele im Erdgeschoss zeigte die niederländische Bauweise. Das Haus beherbergte bis 1911 die bereits 1737/38 gegründete „Lehn-Banco" (Leihbank).

## Das Eckhaus Römerstraße 8–10

Das Anwesen in der typischen Bauweise der Neustadt um 1600, zweigeschossig mit hoch aufragenden Giebeln, auch traufständig, gehörte um 1910 zur Zigarrenfabrik von P.G. Hosse Wwe. Um 1850 hatte die Zigarrenfabrik bereits Fabrikationsgebäude in Steinheim bezogen. 1876 weist ein Gewerbeverzeichnis schon 180 Arbeiter/innen aus. 1885 erfolgte der Bau zweier Fabrikgebäude in Großsteinheim an die Villa Stokkum, heute Best Western Hotel Villa Stokkum. Im Volksmund kursierte der Spruch „Rauchste Hosse, liehste bald in de' Gosse".

## Die einstige Hanauer Fayencefabrik, Haus Römerstraße 15/Ecke Glockengasse

In dem stattlichen Haus, mit dem mächtigen Giebel zur Glockenstraße und einem zweiten traufständigen Giebel zur Römerstraße, befand sich die erste deutsche – die Hanauer Fayencemanufaktur. 1661 als „… dieser Landen bishero unbekannten Porzellein-Bäckerey…" in der Regierungszeit des Grafen Friedrich Casimir von Hanau-Lichtenberg von Daniel Behagel und Jacob van der Walle gegründet. Die Fayence, nach Faenza, Italien, französisch Fayence und Majolika nach Mallorca benannt, war die europäische Version, das chinesische Porzellan zu imitieren. Erst mit der Findung der Herstellung von Böttgersteinzeug und Porzellan in Sachsen verlor die Fayence an Bedeutung. Die Hanauer Manufaktur bestand bis 1806. Eine bedeutende Sammlung Hanauer Fayence ist im Historischen Museum Hanau, Schloss Philippsruhe zu besichtigen.

Die abgebildete Fotografie entstand offenbar 1908, vor dem Bau der Straßenbahnlinie 2 vom Westbahnhof durch die Römerstraße über den Marktplatz zum Ostbahnhof.

Das Werbeschild nennt „Carl Schroeter Söhne, Haupt-Agentur Gothaer Lebensversicherungsbank auf Gegenseitigkeit". Und das Adressbuch dieser Zeit führt noch „Königlich Preußische Lotterie-Einnahme" auf.

### Das Haus Löwenapotheke, Frankfurter Straße 2/Ecke Krämerstraße 11

1599 wurde das Haus im Häuserquadrat 17 der Neustadt erbaut, 1729 die Löwenapotheke von Cornelius Sommerhof, Sohn des Engelapothekers, in diesem Haus Krämerstraße 11 gegründet. Die Hausecke zeigt ein reich verziertes schmiedeeisernes Apothekenschild. Darunter befindet sich auf einem Podest ein liegender Löwe. Daneben befand sich die Cigarrren- und Cigaretten-Handlung von Karl Wissner.

### Die städtische kaufmännische Fortbildungs-Schule, die alte Zeichenakademie (Rebengasse), Gärtnerstraße 67

Die am 20. Juli 1772 gegründete Zeichenakademie diente der „... besseren Emporbringung der Fabriquen, Künste und Handwerke ... [und sollte] allen und jedem Einwohner dieser Stadt oder ihren Kindern und Untergebenen ohne Unterschied freye Zutritt verstattet sei ...". Erster Direktor der Schule war Jean Louis Gallien, sein Porträt ist im Historischen Museum Hanau, Schloss Philippsruhe zu sehen. Die Beschreibung des Gebäudes gab Auskunft über die räumliche Aufteilung. Im Obergeschoss war ein großer und kleiner Lehrsaal. Im rechten Nebengebäude befand sich die Wohnung des ersten Lehrers und eine weitere, bestehend aus einer Stube, fensterlosen Kammer und Toilette für den Pedell. Im linken Nebengebäude war das „Sälchen" und stand im Hof ein Brunnen mit der Jahreszahl der Erbauung 1691, die sich im Torbogen des Hauses wieder fand.

1879/80 entstand das neue Akademiegebäude des renommierten Architekten Julius Raschdorff an der Akademiestraße.

Das Anwesen in der Gärtnerstraße wurde als kaufmännische Schule genutzt. Direktor war Bruno Pfeifer, Fachlehrer Jean Göbel, Alfred Tempel, Wilhelm Bührmann, Hilfslehrer Joseph Engelhardt für die Schüler. Für die Schülerinnen kam noch die Lehrerin Berta Hoffmann hinzu.

**Das Hinterhaus des Rathauses, Langstraße 43**

Das zweigeschossige Haus mit Mansarddach und zweireihigen Dachfenstern ist mit einem mittig über die gesamte Gebäudehöhe reichenden Giebel ausgeführt. Über dem Torbogen des 1739–41 als Hinterhaus des Rathauses für den Ratsdiener, als Archiv und Gefängnis errichteten Gebäudes befindet sich der Wappenstein der Neustadt. Rechts vom Tor ein Emailleschild mit der Aufschrift „Städtische Sparkasse". Das Adressbuch von 1910, der Entstehungszeit der Fotografie, weist unter der Hausnummer die Armenverwaltung und das Spritzenhaus mit vier Wagentoren aus sowie die städtische Wartefrau (Toilettenfrau). In unmittelbarer Nähe, mit der Hausnummer 41, befand sich das Wohnhaus der Grimms, in der die Brüder Jacob und Wilhelm ihre Hanauer Kindheitsjahre verbrachten und in dem der Malerbruder Ludwig Emil 1790 geboren wurde.

## Das Frankfurter Tor, Ansicht von stadtauswärts (Nussallee)

1722 entstand infolge des Ausbaus der Stadtbefestigung das repräsentative barocke Stadttor. Baumeister war Christian Ludwig Herrmann. Über dem mittleren Durchfahrtsbogen ist im Dreiecksgiebel das Allianzwappen von Johann Reinhard III. von Hanau-Lichtenberg und seiner Gattin Dorothea Friederike von Brandenburg-Anhalt angebracht. Unmittelbar am Stadtgraben gelegen, befand sich seitlich bis in die Mitte des 19. Jhs. die Frankfurter Tor-Mühle. Zeitweise 1740 war im Erdgeschoss die gräfliche Münze untergebracht gewesen. Die beiden seitlichen Torbögen deshalb geschlossen.

**Das Frankfurter Tor, Ansicht stadtseitig (Frankfurter Straße)**

Zu Kriegsende war das Gebäude ausgebrannt. 1953–55 wurde es wieder aufgebaut. In den vergangenen Jahren war das Obergeschoss zu Schulungsräumen des unmittelbar angrenzenden St. Vinzenz-Krankenhauses umgebaut worden.

Langermann'sches Grabmahl

## Alter deutscher Friedhof

Mit der Anlage der Hanauer Neustadt erfolgte auch die des Gottesackers (Friedhof) westlich vor den Toren der Stadt, von 1633 bis 1846 als Friedhof für die Altstadt. 1896 mit dem Umbau der einstigen Wallanlagen (Befestigungswerke) zu Alleen und Ringstraßen wurden die beiden alten Friedhöfe – der deutsche und der französische – als Parks belassen. Einen Teil der historischen und bedeutenden Grabdenkmäler erhielt man in der Anlage. 1908 stellte die Stadt der königlich preußischen Gerichtsverwaltung Teile des Grundstücks für den Neubau des Land- und Amtsgerichts an der Nussallee zur Verfügung. 1909–11 entstand im Stile des dritten Rokoko ein repräsentatives Gerichtsgebäude des königlich-preußischen Regierungsbaumeisters August Bode. 1910 wurden einige lokalhistorisch und kunstgeschichtlich bedeutende Grabmäler auf den heutigen Hauptfriedhof umgesetzt. Andere Grabmäler wurden entlang einer Umfassungsmauer aufgereiht bzw. frei aufgestellt. Diese sind heute seitlich vom Gerichtsgebäude als Teile des alten deutschen Friedhofs und in der Martin Luther-Anlage, als Teile des alten französischen Friedhofs erhalten. Das Langermann'sche Grabmal ist eines der bedeutendsten des alten deutschen Friedhofs. Es ist als Durchgang portalartig am Gerichtsgebäude (Fischerhüttenweg) aufgestellt. Johann Lorenz Langermann (1640–1716) war Magister, Hof- und Stadtprediger an der lutherischen Johanneskirche, Konsistorial- und Superintendent.

Seit Jahren bemüht sich der Hanauer Geschichtsverein 1844 e.V. um den Erhalt der bedeutenden Zeugnisse der Stadtgeschichte. 2006 wurde mit der Restaurierung des ältesten Grabsteins von 1633 begonnen. Die hier abgebildeten Fotografien von 1910 verdeutlichen im Vergleich zum heutigen Zustand der sandsteinernen Grabmäler deren erschreckenden Verfall.

Grabmal vorne rechts: „Heinrich Oberländer, Bürgerkapitän der Neustadt, ev.-lutherischer Kirchensenior und Bierbrauer (1644–1720)".

## Grabmal Deines

Die Fotografie entstand als die Grabmäler des alten Friedhofes für den Gerichtsneubau umgesetzt wurden. Das klassizistische Grabmal mit der ganzfigurigen Trauernden ist bereits frei gegraben, der Sarkophagdeckel schon abgenommen. Im Hintergrund ist die Säule mit dem abgelegten antikisierten Helm eines Offiziersgrabmals zu sehen. Dieses befindet sich noch heute in der Grünanlage seitlich vom Gerichtsgebäude. Das Grabmal des alten deutschen Friedhofs findet man heute auf dem 1846 eröffneten Hauptfriedhof.

Beschriftungen: Auf dem Sockel Stirnseite „Der / Deines'schen /Familie". Längsseite vorne „Am / Grabe meiner / Gattin Petronella Wilhelmina / einer geborenen Müllern / errichtet von / Johann Friedrich Deines / Anno 1800"

Auf dem Sockel unter dem Sarkophag „Johann Georg / Adolf von Deines / General der Kavallerie a.D. / geb. Hanau 30. Mai 1845 / gest. Frankfurt a. Main 17. November 1911"

Längsseite hinten „ Bei Bebauung / des alten Friedhofes / sind / Gebeine und Denkmal / hierher überführt /1910" August Bode [königlicher Landbau-Inspektor].

▶ Grabmal vorne rechts: Johann Gerhard Müller, lutherischer Pastoran der Johanneskirche (1736–1777), geb. 21. Juli 1712, gest. 7. Januar 1777. Grabmal Mitte: „Dienald".

## Literaturhinweise

45 Jahre deutsche Lichtbildarbeit. Zum 70. Geburtstag Dr. Franz Stoedtners, Dr. Franz Stoedtner Berlin Verlag, 1940

450 Jahre Altstädter Rathaus – Deutsches Goldschmiedehaus Hanau, Hg. Kulturamt Hanau 1988, S.37ff

675 Jahre Altstadt Hanau, Festschrift, Hg. Hanauer Geschichtsverein 1844 e. V., S. 111, 209ff, 256, 259, 260ff, 264, 265, 283, 284

Auswirkungen einer Stadtgründung – 400 Jahre Wallonisch-Niederländische Gemeinde und Neustadt Hanau, Hanau 1997, S. 122ff, 198ff, 252ff, 342f, 344f

Heinrich Bott: Die Gründung und Anfänge der Neustadt Hanau 1596–1620, II Bde., Hanauer Geschichtsblätter Bd. 22, 1970 u.23, 1971

Heinrich Bott: Die Gründung und Anfänge der Neustadt Hanau 1596–1620, II. Bd., Hanauer Geschichtsblätter Bd. 23, 1971, S. 105

Deutsche Kunst in Lichtbildern. Zugleich ein Kompendium für den Unterricht in der Kunstgeschichte, bearbeitet von Dr. Franz Stoedtner, Berlin, Universitätsstraße 3B, 1908

Die Altstadt Hanau, Ein Gedenkbauch zur 650-Jahrfeier der Altstadt Hanau, Heinrich Bott, Hanauer Geschichtsverein 1953, S. 26f, 82, 90, 112, 113f, 114, 132, 133f, 137, 140

Die Bau- und Kunstdenkmäler der Stadt Hanau – Festschrift zum 300-jährigen Jubiläum der Gründung der Neustadt Hanau, A. Winkler u. J. Mittelsdorf, Hanau 1897, S. 69ff

Die Gold- und Silberschmiedestadt – Hanau und der Historismus, Ausstellungskatalog, Hanau 2004, S. 174ff, 175ff

Die Nacht, als Hanau unterging – 19. März 1945, Deutsche Städte im Bombenkrieg. Wartberg-Verlag, Gudensberg 2004, S. 7

Hanau 19. März – 50. Jahrestag der Zerstörung der Stadt 1945, Ausstellungskatalog 1995, S.114

Hanauer Fayence 1661–1806, Ausstellungskatalog Historisches Museum Hanau, 1979

Hanau-Info, Stadtzeitung 12/2005, Nr. 5, S. 3ff, 4f

Walter Kaiser u. Norbert Gilson: Heraeus – Pioniere der Werkstofftechnologie. Von der Hanauer Platinschmelze zum internationalen Technologieunternehmen. München 2001, S. 37ff.

Natur wird Kultur–Gartenkunst in Hanau, Anton Merk (Hg), Hanau, Cocon-Verlag 2002, S. 18

Monika Ilona Pfeifer, Monika Kingreen: Hanauer Juden 1933-1945, Entrechtung, Verfolgung, Deportation, Hanau 1998, S. 36ff, 39, 70f

Richard Schaffer-Hartmann: Hanau Industriedenkmäler, Ausstellungskatalog 1987, S.52

Stadt Hanau – Denkmaltopografie Bundesrepublik Deutschland, Kulturdenkmale Hessen, Wiesbaden 2006, S. 76f, 90f, 138f, 142, 144f, 247

stadtzeit 2, 150 Jahre Revolution und Turnerbewegung, Hanau 1848–1998. S. 113ff.

stadtzeit 4 „Unser Geld- Vom römischen Denar zum Euro, 2000 Jahre Geldgeschichte", Hanau 2001, S. 35ff

stadtzeit 6, 700 Jahre Stadtrechte und 400 Jahre Judenstättigkeit, Hanau 2003, S. 46ff, 68, 69, 83ff, 144ff, 150ff, 165ff, 180ff, 304

Vom Residenzschloss zum Congress Park, Die (Ver)Wandlung des Hanauer Schlossplatzes, Hg. Baugesellschaft Hanau GmbH, Hanau 2003, S. 54ff, 57

Ernst J. Zimmermann: Hanau's öffentliche Brunnen in alter und neuer Zeit. Sonderdruck der Hanauer Zeitung 1888, S. 3, 751ff

Ernst J. Zimmermann: Hanau Stadt und Land, vermehrte Ausgabe 1919, S. 642ff.

## Das ganz **persönliche Geschenk** – die Jahrgangsbände!

...für Frank zum 40. Geburtstag,
...für Lisa, meine beste Freundin aus der ersten Klasse,
...für Tante Marie, die so gerne jung war,
...für den Kollegen Kalle zum Dienstjubiläum
...und: für mich.

**je Band nur 12,90 Euro**

**Erinnern Sie sich an die ersten 18 Lebensjahre – an Ihre Kindheit und Jugend!**

Tolle Fotos und Geschichten mitten aus dem Alltag, geschrieben von Autoren aus Ihrem Jahrgang, lassen eigene Erinnerungen lebendig werden.

**www.kindheitundjugend.de**
**www.jahrgangsbaende.de**

## Weitere Bücher aus dem Wartberg Verlag für Ihre Region

**Die Nacht, als Hanau unterging
19. März 1945**
von Richard Schaffer-Hartmann
64 S., geb., Großformat,
zahlr. S/w- Fotos
(ISBN 3-8313-1471-3)

**Hessen – Wie alles begann...
Zeitzeugen berichten vom hoffnungsvollen Aufbruch in eine neue Zeit**
von Christian Gropper
64 S., geb. mit Schutzumschlag,
zahlr. S/w-Fotos
(ISBN 3-8313-1365-2)

**Die schönsten Burgen und Schlösser im südlichen Hessen**
von Michael Horn und
Christina Lange-Horn
88 S., geb., zahlr. farb. Abb.
(ISBN 3-86134-488-2)

**Auf dem Lande – Fotografien aus den 50er Jahren**
von Georg Eurich
64 Seiten, gebunden, zahlr.
histor. S/w-Fotografien
(ISBN 3-8313-1240-0)

**Aus alter Arbeitszeit –
Bäuerliche Berufs- und
Lebensbilder 1948–1958**
von Georg Eurich
80 S. geb., zahlr. S/w-Fotografien
(ISBN 3-925277-34-X)

**Photographien aus dem Dorfleben der 50er Jahre**
von Georg Eurich
72 S., geb., zahlr. S/w-Fotografien
(ISBN 3-86134-108-5)

**Wartberg Verlag GmbH & Co. KG
Bücher für Deutschlands Städte und Regionen**
Im Wiesental 1 · 34281 Gudensberg-Gleichen
Telefon (0 56 03) 9 30 50 · Fax (0 56 03) 30 83
www.wartberg-verlag.de